EL MICALET GALÀCTIC
bromera

EL MICALET GALÀCTIC

COL·LECCIÓ DIRIGIDA PER JOSEP A. FLUIXÀ

ÚLTIMS TÍTOLS PUBLICATS DE LA SÈRIE CREMA - A PARTIR DE 8 ANYS

83. *Silvèrius Flautus.* Enric Lluch / Juanjosé Cortés
91. *La fada dels somnis.* Mercé Viana / Ramon Pla
94. *Les aventures de Potaconill.* Carles Cano / Paco Giménez
103. *Alícia en el país del xocolate.* Xavier Mínguez / Ada García
109. *Un quixot amb bicicleta.* Enric Lluch / Pablo Olivero
113. *Contes d'Andersen.* Hans C. Andersen / Valentí Gubianas
120. *Jo Tirant, tu Carmesina.* Enric Lluch / Toni Cabo
123. *Julieta, Romeo i els ratolins.* Mariasun Landa / Marie Nigot
127. *El secret de les cinc llegendes.* Llorenç Giménez / Esperança Martínez
131. *Història de Marco i Mirko.* Gianni Rodari / Montse Tobella
137. *Oda als peus.* Marc Granell / Manuel Granell
139. *La nit dels animals.* Agustín Fernández Paz / Alberto Pieruz
143. *Poemes de butxaca.* Fina Girbés / Montse Ginesta
146. *Hansel i Gretel i altres contes populars.* Jacob Grimm i Wilhelm Grimm / Miquel Nolla
153. *El núvol enamorat i altres contes en vers.* Teresa Broseta / Xavier Tarazona
157. *Lula i les abelles.* Mercé Viana / Monse Fransoy
162. *Malson al tren Xocolate.* Fina Casalderrey / Miquel Nolla
163. *Poemes a la carta.* Fina Girbés / Eider Eibar
168. *El viatge de Lluna a les muntanyes.* Juane Gumbau / Subi
173. *Una setmana de contes.* Enric Lluch / Armand
176. *El flautista valent.* Teresa Broseta / Rosanna Crespo i Quique Soler

Hi ha unes propostes didàctiques referides a aquest llibre que es poden descarregar de manera gratuïta des del web de Bromera www.bromera.com.

Títol original: *Olor a Mamá*

Traducció: *Teresa Broseta Fandos, 2013*

Polígon Industrial 1 - 46600 Alzira
www.bromera.com
Disseny de la col·lecció: *Enric Solbes*
Impressió: *Romanyà-Valls*

1a edició: *octubre, 2013*
ISBN: *978-84-9026-172-9*
DL.: *V-2351-2013*

PAPER ECOLÒGIC TCF LLIURE DE CLOR

FOTOCOPIAR LLIBRES NO ÉS LEGAL

LLIBRE AMIC DELS BOSCOS
PAPER PROCEDENT DE FONTS RESPONSABLES

EL MICALET GALÀCTIC

L'olor de la mare

Ricardo Alcántara

Dibuixos de Montse Tobella

edicions
bromera

Per als amics de l'escola Folch i Torres, amb el meu agraïment (decidiren posar el meu nom a la biblioteca). Quin premi!

Capítol 1

Era una nit fosca. El vent bufava amb tanta força que doblegava els arbres. Feia tant de fred que només els fantasmes rondaven pel carrer.

La casa estava en silenci, ja que quasi tots dormien. Lluny de mirades curioses, aquella nit van nàixer Bigotis i els seus sis germans. Ho van fer en el buit que hi havia entre el sostre i la teulada. Per sort per a ells, només sa mare s'assabentà que els ratolinets havien nascut.

Amb paciència i afecte, la mare els netejà un per un. Mentrestant, els contava un conte que ella mateixa s'havia inventat. Ho feia a mitja veu, suau com una carícia. Allargava les lletres d'algunes paraules, en remarcava unes altres i feia silencis quan pertocava.

La mare no deixava de mirar les cries. Els observava els dits, les ungles, els plecs de la pell... «Que guapos!», es deia amb orgull.

Els nounats pareixien iguals. Tenien la mateixa mida, el mateix color, la mateixa forma... Tot i això, en arribar el torn de Bigotis, la mare pensà: «Aquest no és com els altres. És diferent dels germans». No encertava a comprendre en què es diferenciava dels altres, però alguna cosa li advertia que aquell era un ratolí especial.

En efecte, amb el pas dels dies, resultà evident que Bigotis era un cas a part. De seguida donà mostres de ser molt espavilat. Abans d'obrir els ulls, aprengué a reconéixer sa mare per l'olor, pel soroll que li feien les potes en fregar la fusta del pis. Li costà poc comprendre que apegat a la seua panxa el fred desapareixia, aleshores s'hi arrupia tant com podia.

Cada nit, la mare acollia els fillets entre les potes i els contava un conte. Les cries no tardaven a adormir-se. Totes, llevat de Bigotis. Ell romania atent a cadascuna de les seues paraules. Les frases entonades per sa mare tenien el poder de fer que se sentira protegit i estimat. Aleshores aspirava a fons, per omplir els pulmons de l'olor de sa mare.

Amb el pas dels dies, els ratolins obriren els ulls i començaren a caminar. Llavors començaren a explorar el món que els envoltava. Ho feien amb recel, tremolosos. El mínim soroll els sobresaltava. Només se sentien fora de perill quan es protegien entre les potes de sa mare. Tots, llevat de Bigotis. Ell semblava fet d'una altra pasta. Li agradava anar al seu aire. Es comportava com si fóra el major, quan en realitat havia sigut l'últim a nàixer. Furonejava per ací i per allà, ensumava el que veia per primera vegada. La seua curiositat no tenia límits i el seu coratge tampoc. Era un aventurer valent que desconeixia el sabor de la por.

Quan els seus germans s'atreviren a fer els primers passos lluny de sa mare, Bigotis ja coneixia el cau de punta a punta.

Amb tant d'anar i tornar, el cau prompte se li quedà xicotet. Desitjava descobrir què hi havia més enllà d'aquelles parets que li tallaven el pas. Eixir, però, estava terminantment prohibit.

–Ni se t'acudisca intentar-ho –li havia advertit sa mare.

L'única que eixia era ella. A la caiguda de la nit se n'anava a la recerca de menjar i tornava al

cap d'una estona. Tornava apressada i agitada. «Un, dos, tres...», comptava els fills per assegurar-se que hi eren tots. Aleshores respirava alleujada i menjaven junts el que havia aconseguit.

En veure-la tornar, els fillets tornaven a respirar tranquils. Quan sa mare s'absentava, ells se sentien desprotegits. Tremolaven espantats, es refugiaven en un racó, molt juntets i amb els ulls tancats. Tots, llevat de Bigotis. Si alguna vegada notava que la foscor era massa espessa, aspirava fondo fins que trobava l'olor de sa mare. Això li donava la força i el valor que necessitava.

Bigotis observava amb curiositat el forat pel qual desapareixia sa mare, amb ganes d'anar darrere dels seus passos. «Què hi deu haver darrere d'eixes parets?», pensava. Li costava imaginar com devia ser eixe món desconegut del qual només li arribaven olors i sorolls. De bona gana s'hauria animat a eixir de l'amagatall, però sa mare no li ho permetia.

–Fins que no sigues gran no podràs eixir d'ací. I, quan arribe eixe moment, ho faràs amb mi. D'acord, jovenet? –l'havia advertit.

–Sí –assentí ell, mirant a terra en actitud obedient.

Cada vegada, però, li resultava més difícil estar allà tancat. Tractant de no pensar-ho més del compte, inventava jocs i animava els germans a unir-se-li.

Una vegada jugaven tots a agarrar-se la punta de la cua els uns als altres.

–No m'agarres! No m'agarres! –exclamaven uns a viva veu.

Els altres corrien darrere d'ells.

Animats pel joc, feren més soroll del que era habitual. S'enfilaven per les parets, corrien apressats, saltaven des de dalt del sostre, reien amb totes les seues ganes... Sense adonar-se'n, formaren tal enrenou que els amos de la casa els sentiren.

–Què és això? –preguntà Angústies, la senyora.

Ho va fer en un to crispat, com solia parlar.

–Deuen ser ratolins –respongué Esteve, l'home.

Ho va fer amb la paciència que el caracteritzava.

Esteve la tractava amb tendresa i dolçor perquè no s'alterara. Al mínim descuit tota ella es convertia en una bomba a punt d'esclatar. Tenia un caràcter realment endimoniat. Precisament, eixa característica de la dona era la que l'enamorava.

Aquells que coneixien Angústies afirmaven que, quan era una xiqueta, havia patit un greu contratemps que li havia marcat el caràcter. Segons ells, des de menuda havia sospirat per arribar a ser capitana de l'exèrcit. S'imaginava vestint l'uniforme i això la feia feliç. Somiava que el seu escamot l'obeïa sense piular, que només amb la seua presència intimidava l'adversari. Passà uns quants anys encoratjant eixe somni, fins que algú s'encarregà de contar-li la veritat:

–Les dones no poden accedir a l'exèrcit –li digueren sense miraments.

Angústies no s'ho podia creure. Els seus somnis s'esmicolaven. La vida perdia el sentit. S'havia quedat amb un pam de nas.

–És injust! Tant que m'agrada manar! Per què la vida em tracta tan malament? –cridà desconsolada.

Des d'aleshores es va convertir en una persona difícil, esquerpa, amb els nervis sempre a flor de pell.

–Oh! Ratolins! No puc suportar-los! –s'alarmà Angústies.

Mudà el gest a causa del malestar que sentia.

–No patisques, perla. Això ho solucione jo en un tres i no res –la tranquil·litzà l'home.

A l'instant, s'encaminà a l'adrogueria del barri i comprà unes quantes rateres. En arribar a casa les armà. Hi posà un tros de formatge com a esquer. Després comentà rialler:

–Demà la casa recuperarà el silenci de costum.

I ella, mirant-lo de alt a baix, respongué:

–Això ho dius tu. Jo, fins que no ho veja, no m'ho creuré.

Esteve arronsà els muscles. No amollà ni un sospir per no alterar la seua estimada muller.

L'aroma del formatge era tan forta i penetrant que arribà fins a l'amagatall dels ratolins. Els xicotets rosegadors deixaren de jugar i alçaren el morro. Movent els bigots, ensumaren l'aire.

–Mmmm! Que bo! –digué un, llepant-se els bigots.

–Quina delícia! –digué un altre dels germans.

Els ratolinets mig tancaren els ulls per gaudir encara més de l'aroma que surava en l'aire.

–Sí, massa bo per a resistir-s'hi! –reconegué la mare.

Estava tan nerviosa i contrariada com no l'havien vista mai abans. Fins i tot li tremolava la veu. Anava i venia sense parar, d'una punta a l'altra del cau. Deia en veu baixa coses que les cries no arribaven a comprendre.

–Mare, què dius? –li preguntà Bigotis.

El ratolinet evitava interposar-se en el seu camí. La mare anava tan accelerada que li haguera passat per damunt.

–Res, res. Parle amb mi mateixa –li explicà ella.

La seua excitació anava en augment.

–Ah –digué Bigotis amb un fil de veu.

Ho digué tan baixet que ni ell mateix va saber si li ho deia a sa mare o si també parlava amb ell mateix.

Aquella nit, la mare es demorà a decidir-se a baixar més del que era habitual. S'acostava al forat que només ella podia fer servir. Hi treia la punta del morro i feia mitja volta. No acabava de decidir-se. Per fi, digué amb veu agitada:

–Me'n vaig a buscar menjar. No tardaré a tornar –i desaparegué pel forat.

En veure's sols i sentir-se desvalguts, els ratolins s'apinyaren en un racó. Tremolaven com si un enemic terrible els sotjara amb aire amenaçador.

Bigotis romangué alerta, sentint el soroll que feien les potes de sa mare en allunyar-se. Aquell so que li resultava tan familiar es va perdre en la distància. Aleshores, la casa quedà voltada de foscor i silenci.

Capítol 2

Bigotis solia esperar sa mare apostat a un parell de pams del forat. No s'acostava més del compte perquè ella no el renyara. Aquella nit, però, li resultava impossible estar-se quiet. Necessitava anar d'un costat a l'altre. Quan s'aturava, el malestar que notava a la panxa es tornava insuportable. Notava que les potes li tremolaven i que li costava respirar. Alguna cosa l'inquietava sobre manera. Però ni ell mateix entenia per què tant de nerviosisme.

Les hores passaven i sa mare no donava senyals d'aparéixer. Allò era molt estrany, perquè ella no acostumava a tardar tant.

Bigotis començà a trobar-se indefens, desemparat, trist, però seguia sense entendre'n el motiu. Una infinitat de pors aparegueren de sobte i li ompliren el cos de temor.

Tractà de trobar empara unint-se al grup que formaven els seus germans. Es va arrupir contra ells. Intentà tremolar com ho feien els altres, serrà les parpelles per no vore com de fosca i enorme s'havia tornat la nit... No li va servir de consol. Ell no era com els altres ni sentia el mateix. Això va fer que se sentira més sol, trist i perdut.

Lentament se separà del grup. Arrossegant la panxa contra el terra, s'acostà al forat amb molt de compte. Hi va traure primer la punta del morro, després els bigots, els ulls i, fins i tot, les orelles. Encara que observà amb atenció, la foscor no li deixava veure més enllà d'un pam. Per acabar-ho d'adobar, la tristor li ennuvolava els ulls, i així hi veia menys encara. Com a últim recurs aspirà a fons, però no notà l'olor de sa mare i això el deixà desolat. Traient mig cos pel forat, digué amb un fil de veu:

–Mare.

Res.

–Mare –va insistir.

Res. Només sentia el silenci de la nit.

–Mare, per favor, vine –va cridar-la.

Bigotis va témer el pitjor. Intuïa que havia passat alguna cosa molt roïna, però no encertava a pensar què devia ser això tan terrible que havia succeït. «Mare!», li ressonava amb força al cap, perquè cridava sa mare amb tota l'ànima. Més que mai, la necessitava al seu costat, però ella no acudia.

Bigotis va romandre despert tota la nit, muntant guàrdia al costat del forat. Tenia les orelles com uns radars, per sentir els passos de sa mare quan s'hi acostara. Però el nou dia començà a clarejar i sa mare no tornava. «He d'anar a buscar-la», pensà Bigotis.

En endevinar les intencions que tenia, els germans l'advertiren:

–No hi vages, si la mare se n'assabenta s'enfadarà amb tu.

Bigotis bé que ho sabia, però no podia suportar l'espera. Tot i que el cor li bategava agitadament, es posà en marxa. S'escolà pel forat i començà a baixar. Tenia tanta por que caminava amb moviments maldestres. Observava recelós cap a tots els costats. De tant en tant respirava a fons per omplir els pulmons d'aire. Notava la boca seca i les potes engarrotades.

Sense grans sobresalts aconseguí arribar fins a la pica de la cuina. Aleshores es detingué i mirà amb curiositat. Allò era tan estrany per a ell que tot li cridava l'atenció.

–Que bonic! –digué fascinat i aspirà a fons.

Aleshores, l'aroma del formatge li penetrà pel morro i li va recórrer tot el cos. L'impacte va ser tan intens que deixà marcat el famolenc ratolí.

–Aaah! –es llepà els bigots.

Sense acabar de refer-se, amb pas titubejant, s'acostà al tros de formatge col·locat en una de les rateres. Avançava amb la boca entreoberta, a punt per a fer un mos. No li llevava els ulls de damunt. Si feia tan bona olor, segurament el sabor seria dels que no s'obliden.

«Si n'agarre un tros, no se n'adonarà ningú», es deia per a convéncer-se que no feia res de roí.

Sense imaginar el perill seriós que corria, es detingué damunt de la ratera. Estava a punt d'agarrar un tros de formatge, quan va sentir un xiscle que el paralitzà:

–Oh, no! Un ratolí a la cuina! Quin fàstic, no ho suporte! –cridà l'ama de la casa.

Estava tan alterada que Bigotis tractà de calmar-la:

–No s'espante, no vull fer-li mal –li digué, i va fer un gest amb les potes davanteres.

–Socors! M'està amenaçant! –exclamà ella.

Tenia les galtes roges i els ulls redons com a plats. Sense pèrdua de temps, agarrà una granera i va arremetre contra el ratolí.

Bigotis no comprenia què passava, però el cor l'alertà que estava en greu perill. No s'ho pensà dues vegades i pegà a córrer. La dona, agitant la granera, anà darrere d'ell. No parava de cridar. Estava decidida a encalçar-lo.

–Em sap greu, no volia espantar-la –es disculpà Bigotis.

Però ella no escoltava raons. Anava darrere del ratolí mirant-lo amb odi, amollant-li una granerada darrere una altra, amenaçant-lo a crits:

–No t'escaparàs, fastigós! Tens els minuts comptats. Ets més roí que la pesta i més lleig que un pecat! Bestiola del dimoni, et penediràs d'haver entrat a ma casa.

Tractant de no sentir les coses tan desagradables que li deia la dona, Bigotis pensava: «He de tornar amb els meus germans. Segurament la mare ja hi deu haver tornat».

El ratolí estava esgotat de tant de córrer. El cor li bategava agitat i les potes quasi no l'aguantaven, però la dona no li concedia un respir. Anara on anara, ella corria al darrere amenaçant-lo amb la granera.

Tot i que ja quasi no tenia forces, fugia espantat. Tractant de salvar la pell, corria i corria. Va ser així com arribà al rebedor. La dona, aleshores, va riure amb ganes. Tancà la porta que donava a la sala, sense deixar cap escapatòria al ratolinet.

–Criatura estúpida –exclamà victoriosa–, has caigut en la teua pròpia trampa! D'ací no podràs eixir! Ara tindràs el que et mereixes!

Alçà la granera i tancà un ull per fer punteria. No volia fallar.

Bigotis mirà al seu voltant amb ulls d'espant. A un costat tenia la porta que donava al carrer; a l'esquerra, la porta que donava a la sala, però ambdues estaven tancades. Davant hi havia la terrible senyora agarrant la granera amb les dues mans. No hi havia ni un sol moble davall del qual amagar-se. L'espai era tan reduït que ella no podia fallar.

Bigotis es va arrupir en un racó, tremolant

de cap a peus com si estiguera enmig de la neu. Es tapà els ulls amb les mans i digué amb veu escanyada:

–Mare...

En eixe moment es va obrir la porta del carrer i entrà l'amo de la casa. Venia amb un pa davall del braç.

–Tanca! Que no s'escape eixe horrible ratolí! –xisclà Angústies.

Havia assaborit la victòria de bestreta i no volia quedar-se sense el trofeu.

Això donà a Bigotis la idea d'eixir disparat, abans que no fóra massa tard. Comprenent que li anava la vida, pegà a córrer. Mentre corria, va sentir el soroll que feia la granera colpejant contra el terra, quasi al costat de la cua, però no arribà a fregar-lo.

El ratolí va eixir al carrer i va córrer eixelebrat sense mirar arrere.

–Per culpa teua s'ha escapat eixe maleït ratolí! –increpà Angústies a l'home.

Bigotis corria tan veloç com podia per no sentir-los.

Capítol 3

Encara ressonaven al cap de Bigotis les amenaces i els insults de la dona. Notava a la boca el sabor de la por i això l'impulsava a seguir endavant. Només es va aturar quan va ser incapaç de fer ni un pas més. Mirà al seu voltant i va veure que es trobava en un lloc desconegut. No sabia com tornar a casa.

Estava tan aterrit que li costava pensar. Però no es donà per vençut. Quan tingué les idees més clares, es digué: «L'olor de la mare em portarà de tornada». Ensumà en una direcció i en l'altra, però no hi havia ni rastre de l'olor de la mare. Tornà a intentar-ho, però... res. Aleshores va comprendre com de sol i de perdut estava.

Tractant de posar-se fora de perill, es refugià en un portal. S'encollí tant com va poder per tal de no ser descobert.

Estava tan agitat que li costava respirar. Tenia tanta por que es tapà els ulls amb les potes per no mirar. Es trobava tan indefens com una criatura acabada de nàixer.

–Mare –murmurà.

Sabia que ella no podria sentir-lo, però dirho a mitja veu era l'única cosa que el consolava en aquell moment.

A pocs metres d'allí hi havia Maximilià. Era un home gran. Com cada dia, estava assegut a la seua cadira de plàstic blanc al costat de la porta de sa casa. Era com si estiguera de guàrdia. La seua vida era una rutina constant. De matí, en despertar-se, començava a queixar-se:

–He dormit molt malament. Em fan mal tots els ossos. Que trist que és fer-se vell.

Una vegada l'home s'havia llavat i s'havia vestit, la filla el feia baixar al carrer, amb la cadira de plàstic. Allà el deixava perquè es distraguera mirant la gent anar i vindre. Aleshores ella, en veure's lliure dels constants rondinejos i protestes de son pare, feia les seues tasques en pau.

–Filla, hui fa molt de fred –es queixava Maximilià a vegades.

Ella li envoltava el coll amb una bufanda grossa i li deia:

–Pare, a veure si amb la vellesa et tornaràs una flor d'hivernacle. On s'ha vist tindre tanta por al fred?

–És que en fa, filla! És que en fa! –protestava ell.

–Ai, que n'ets, d'ingrat! –sospirava ella–. Quantes persones voldrien estar al teu lloc! Assegut a la cadira pareixes un rei en el seu tron, però a tu t'és igual. Només per dur-me la contrària, t'estaries tot el dia tancat a casa, avorrit com un mussol. No valores el que tens. Malagraït!

Aleshores se n'anava menejant el cap i protestant en veu baixa.

Maximilià alenava resignat, mentre deia: «Que trista que és la vida del pobre!».

Ell hauria desitjat arribar a la vellesa en unes altres condicions: amb una filla més amable i afectuosa, amb una posició econòmica més còmoda, amb més protagonisme i reconeixement al barri...

Potser a causa de tantes contrarietats, anà donant via lliure als seus sentiments menys

17

confessables. Principalment, un li anà guanyant terreny entre el cor i els budells: l'enveja. No suportava que la sort somriguera els altres. Veia amb mals ulls que els seus veïns prosperaren. Quan li anava bé a un d'ells, Maximilià sentia un formigueig en tot el cos que no el deixava trobar-se a gust ni en el seu tron de plàstic.

D'un temps ençà, no li llevava els ulls de damunt al forn de pa El Bon Gust. Era davant de sa casa. Des que l'amo nou se n'havia fet càrrec, els clients feien cua per a comprar pa.

«Què deu tindre eixe forn que els altres no tinguen?», remugava Maximilià seriós i contrariat. En el fons desitjava posar fi a eixa bona ratxa.

Així estava, immers en els seus pensaments, quan va veure de reüll que un ratolinet s'amagava al portal del costat del seu.

«Oh, un ratolí», digué per a si mateix. L'expressió del rostre canvià. L'home continuà pensatiu. Com més pensava, més gran i picardiós era el somriure i més li augmentava la lluentor dels ulls.

Al cap d'una estona, després d'haver maquinat pas a pas el seu pla, s'alçà lentament. Recolzant-se en el gaiato, es dirigí a la sabateria que hi havia al cantó del carrer.

–Per favor, podries donar-me una capsa que no gasteu? –demanà a la dependenta.

–I tant –respongué la xica i li donà una capsa buida.

Maximilià tornà al portal de sa casa tan content com si la capsa estiguera plena de bitllets. Mentre caminava li llevà la tapa. Fent passets curts i sense fer soroll, s'acostà al ratolí. Deixà la capsa al seu costat. Aleshores va retrocedir uns passos.

En veure aquell objecte estrany, Bigotis va obrir els ulls i va moure el bigot. Tractava de descobrir si allò era una amenaça també. Quasi sense adonar-se'n, s'havia tornat desconfiat.

La capsa estava quieta, per la qual cosa el ratolí entengué que no hi havia motiu de preocupació. S'hi acostà amb curiositat. Recolzat a les potes del darrere, s'hi abocà per investigar què hi havia a dins. En comprovar que estava buida, pensà que podia ser un bon amagatall. D'un bot s'hi ficà a dins, amb ganes de trobar-se fora de perill, com si estiguera a casa al costat de sa mare.

Maximilià també actuà amb rapidesa. Tan bon punt hi entrà el ratolí, posà la tapadora. Aleshores, l'agarrà entre els braços com si fóra un tresor. «Ja el tinc! Ja el tinc!», repetia amb picardia.

Gaudint del moment i de la seua ocurrència, es dirigí al forn El Bon Gust. Com era habitual, hi havia molta gent davant del taulell. Tanta que ningú es va fixar en ell. Sigil·lós, parant esment perquè no el descobriren, l'home s'acostà a l'aparador. Hi havia pans de diferents classes, ingredients i mides. Amb molta cautela, Maximilià va obrir la capsa i soltà el ratolí.

–Deus tindre fam, ratolinet. Ací pots menjar tot el que t'abellisca. Està tot molt bo –li xiuxiuejà.

Aleshores va pegar mitja volta i se n'anà disparat. Es va desfer de la capsa ràpidament. La llançà en la primera paperera que trobà, com si fóra el cos del delicte. Aleshores va seure a la cadira de plàstic amb el cap ben dret. Tal era el seu gest de triomfador que, realment, semblava un rei.

–Ha, ha, ha –celebrà la seua feta amb malícia.

Bigotis es quedà tal com va caure a l'aparador. Estava més rígid que els adornaments amb què decoren els pastissos. Només movia els ulls de banda a banda tractant d'albirar qualsevol perill. No comprenia què passava ni a què treia cap tot allò. Ni tan sols respirava per tal de no moure's, perquè no el descobriren.

Al cap d'uns segons, però, notà que s'asfixiava. No tingué altre remei que respirar com la resta dels mortals. Aleshores l'aroma dels pans li arribà al morro amb la impetuositat d'un riu desbordat. A Bigotis se li va fer la boca aigua. Es posà les potes de davant a la panxa buida i pensà: «Oh, tinc gana».

No podia resistir tal temptació. Passejà la vista pels pans i es va decidir pel que tenia més a prop. S'hi acostà cautelós, sense deixar de mirar a l'un costat i a l'altre. N'agarrà un tros i pensà: «Li'l portaré a la mare». Amb l'altra pota n'agarrà un altre tros i planejà: «Per als meus germans». Només aleshores clavà les dents al pa.

–Mmm! –murmurà amb la boca plena i els ulls mig tancats pel plaer que sentia.

Ràpidament li va fer un altre mos, després un altre i un altre més. Aquell pa era la cosa més bona que havia tastat en tota sa vida. Per tal d'assaborir-lo més bé mastegava amb totes les dents.

Mentrestant, assegut al seu tron de plàstic, Maximilià es fregava les mans. Amb viu interés, es preguntava: «Qui el descobrirà? Qui donarà la veu d'alarma? Estic tan impacient que em costa esperar».

Carrer avall va veure que venia Rita Paniagua arrossegant el carro d'anar a comprar.

«Tant de bo siga ella», pensà l'home, exultant, i es va remoure a la cadira. Amb tant d'entusiasme sentia cosquerelles al cul.

Rita vivia en el seu mateix edifici, en el cinqué, segona dreta. Era molt popular al barri a causa de les aficions que tenia. No hi havia persona que no la coneguera. Tot havia començat el mateix dia que va nàixer. Quan son pare la va sentir plorar, quedà paralitzat a causa de la impressió. Tan bon punt va poder reaccionar, exclamà ple de goig:

–Quins pulmons! Quina meravella! Aquesta xiqueta serà cantant i ens traurà de pobres!

Des d'aleshores donà per fet que el seu pressentiment es faria realitat. Quan Rita va fer els tres anys, la va inscriure al conservatori. Mai no se li passà pel cap, però, preguntar a la xiqueta si realment volia cantar.

La xiqueta, en veure son pare tan emocionat, s'aplicava en els estudis. Anava al conservatori un parell de voltes per setmana i assajava a casa unes quantes hores al dia. Era com si necessitara la música tant com l'aire que respirava.

A pesar de la gran dedicació i de tot l'esforç, Rita no aconseguí mai cantar dues notes seguides sense desafinar. Per acabar-ho d'adobar, tenia un torrent de veu que es deixava sentir a unes quantes illes de cases de distància. No hi havia badall ni paret per on no s'escolara. Sobretot els aguts, que foradaven els timpans. Així les coses, els veïns començaren a detestar la música amb tota l'ànima.

Quan Rita arrancava amb els seus refilets, ells es posaven taps a les orelles. Era inútil, ni així deixaven de sentir-la.

–Aquesta xiqueta és un malson. Com és que ningú li diu que estaria més bonica callada? –deien irritats.

Somiaven que el temps passara ràpidament, que la xiqueta cresquera, que trobara un xic, que es casaren i que se n'anaren a viure molt lluny, per tal de recobrar la pau que els havia llevat.

Rita, però, mai no tingué parella, ni tan sols pretendent. Ella estava dedicada a la música en cos i ànima. Això era l'única cosa que li importava.

Alguns veïns optaren per mudar-se. Uns altres, amb menys recursos, es resignaren a la seua sort, per la qual cosa se'ls agrí el caràcter. Aquells que, amb els anys, es quedaren sords com una rella, es convertiren en l'enveja dels restants.

Maximilià acompanyava amb la mirada cada pas de Rita. A mesura que la dona s'acostava al forn, l'excitació de l'home augmentava. Notava que les galtes les tenia tan calentes que quasi cremaven. Un formigueig li recorria tota l'esquena. Tenia els nervis tan alterats que li resultava difícil estar assegut...

Com si Maximilià estiguera dirigint-la amb el pensament, Rita es detingué davant de l'aparador del forn. Indecisa, observà els pans sense saber quin triar. Va ser aleshores quan va descobrir el ratolí, que estava pegant-se un festí de categoria.

Rita parpellejà un parell de vegades per tal d'assegurar-se que el que veia era cert. Aspirà a fons, tal com li havia ensenyat el mestre de cant. Es va omplir els pulmons d'aire, es recolzà amb força sobre els peus, col·locà l'esquena ben recta... En comprovar que la postura era la correcta, amollà tal bram que els vidres de les finestres vibraren i estigueren a punt d'esclatar.

–Aaaahhh! –cridà amb tota la seua veu. Després d'una pausa, afegí amb gest teatral:– Un ratolí!

Tots els clients que hi havia al forn reaccionaren espantats, fent l'efecte que corrien un perill de deveres.

–On? On? –preguntà una, arreplegant-se la falda.

–Allà –respongué un altre a l'instant.

Amb el braç estés assenyalava l'aparador.

–Quin fàstic! Un ratolí en el pa! –protestà una senyora.

Pegà mitja volta i se n'anà indignada.

Els altres miraren l'amo de l'establiment amb gest de reprovació. També abandonaren el lloc, bufant enfadats.

–Oh, no! Una altra vegada no! –es dolgué el forner, amb el rostre tan blanc que semblava tindre'l empastat de farina.

Al forn que tenia abans, quan més bé li anava, també aparegueren ratolins. Hagué de tancar-lo, perquè els clients li giraren l'esquena. Ara, que semblava que la mala ratxa havia quedat arrere, tornaven a aparéixer rosegadors per a fer-li malbé el negoci.

El forner va sentir que la còlera li pessigava l'estómac, que li cremava amb el seu foc. Serrà els punys i les dents en un gest clar de ràbia. Buscà el corró que tenia al costat de la caixa. Agarrant-lo amb força, s'encaminà a l'aparador.

Bigotis estava tan ple que li pesaven les parpelles. Tenia la panxa unflada. Encara així, continuava mastegant. Mai no havia tingut tant de menjar a l'abast i no pensava malgastar-lo.

Estava tan entregat al plaer de menjar, que no s'adonà que el forner s'acostava perillosament. L'home es detingué a un pam de distància. Alçà el corró perquè el colp fóra més contundent i va arremetre contra el ratolí.

En el darrer moment Bigotis encertà a redolar entre els pans. Així va poder salvar-se de l'inesperat atac. Encara que havia menjat tant que li pesava la panxa, les ganes de sobreviure li donaren ales. Saltà a terra, s'escapolí entre les cames del forner i corregué com un boig carrer avall.

Mentre corria veloçment, pensava: «Caram! Un altre a qui no li caic bé. Quina mala sort la meua. No sé què passa amb mi ni què hauré de fer per ser simpàtic», es deia estranyat. Estava convençut que no havia fet res de roí per a molestar ningú.

Capítol 4

El ratolinet corria i corria. No ho feia per fugir del forner, que feia estona que no el perseguia, sinó per allunyar-se d'aquella situació que no li agradava.

Sense mirar per on anava, arribà a un carreró. Era humit i pudia prou, però estava silenciós i solitari. Bigotis va decidir fer una parada per a descansar.

S'amagà darrere d'uns poals de fem, mentre tractava de tranquil·litzar-se. «Per què ma mare no ve a buscar-me? Ella és tan llesta que ben bé podria seguir-me el rastre».

En aquell amagatall, Bigotis comprengué que l'enyorança fa més mal que la fam. Hauria donat qualsevol cosa per estar a casa, al costat de sa mare i dels seus germans.

–Hola, ratolinet –va sentir que el saludaven.

L'agarrà tan de sorpresa que tingué un sobresalt. En alçar la mirada va veure un gat molt elegant assegut a l'ampit d'una finestra. Tenia taques blanques i negres, ulls grans, orelles punxegudes, pèl brillant i un bigot ben llarg.

El ratolí sospirà de plaer. Per fi trobava un company que el comprenguera.

–Hola –va respondre.

Tractant de mostrar-se amable, va fer un gest amb el cap.

–Ets nou per ací? No t'havia vist abans pel barri –s'interessà el gat.

–Doncs sí. Acabe d'arribar.

El gat es va prendre el seu temps. Es llepà una pota, després l'altra, continuà netejant-se llepant-se el llom. Fins que considerà que ja estava bé de rodejos.

Mirant el ratolí amb ulls tendres i emprant un to de veu amable, s'interessà:

–Estàs amb la teua família?

Bigotis ho negà amb el cap. Abaixà la vista entristit i sospirà un parell de vegades.

–Perdona si sóc indiscret, però ets massa jove per anar sol –l'aconsellà el gat.

–És que m'he perdut i no sé com tornar a casa.

–Oh! –exclamà l'altre, alarmat.

Pareixia estar molt preocupat per la sort que poguera córrer el ratolí.

Era molt hàbil esgrimint les paraules i els silencis. Meneja el cap unes quantes vegades i després va romandre una estona concentrat en els seus pensaments. Feia gestos com si anara a parlar, però continuava callat. Per fi, afirmà:

–La ciutat és massa perillosa perquè vages sol. No ho puc permetre. Serà millor que te'n vingues amb mi. Au, puja! –l'animà.

Bigotis no podia creure-s'ho. Per fi trobava algú que s'interessava per ell, que desitjava ajudar-lo. No el tractava com un enemic temible ni s'espantava en veure'l com si tinguera davant un monstre terrible.

–Gràcies –digué el ratolí, i va somriure agraït.

Tornà a sentir-se esperançat. S'esforçà a pensar que totes les coses roïnes quedaven arrere, que a partir d'ara tindria més bona sort. Pujà per la paret fins a la finestra on hi havia el gat. Aleshores, mirant-lo fixament, li confessà:

–Encara sort que t'he trobat. Ja em feia mal tanta soledat.

–Mira, si ets un ratolinet sentimental –el felí va fingir que s'emocionava. Desvià la mirada i, mentre sospirava dèbilment, agregà:– Vine, t'ensenyaré la casa. Espere que t'agrade i que et trobes còmode ací.

–No podré quedar-me molt de temps, he de tornar amb ma mare i els meus germans –li recordà.

«Et quedaràs ací menys del que t'imagines», planejà el gat per a si mateix. Dissimulant les seues intencions, arrancà a caminar mentre explicava com un bon amfitrió:

–Açò és la sala. Ja ho veus, és molt tranquil·la i assolellada.

–Oh, sí –assentí el ratolí.

Bigotis pensava que de bona gana es quedaria a passar una temporada. Però no podia fer-ho perquè la família l'esperava. Després se li va ocórrer que tots podrien instal·lar-se allí.

S'imaginava jugant amb els seus germans en aquella sala, amagats davall dels mobles, fent carreres per les prestatgeries, balancejant-se a les cortines... O bé al costat de la llar, apegats a la panxa de sa mare, mentre ella els explicava un conte.

Estava tan immers en les seues cavil·lacions que va perdre de vista el món que el rodejava. El gat, en veure que el convidat estava completament distret, pensà: «Ara és el moment adequat». Caminant amb el sigil que només tenen els felins, s'acostà a Bigotis disposat a pegar-li una urpada.

L'olor del perill va fer que Bigotis reaccionara. Girà el cap i va veure el gat ensenyant les ungles, disposat a acaçar-lo.

El ratolí va obrir la boca, a causa del sobresalt i la sorpresa. Sense perdre el temps xisclant, pegà a córrer abans que no fóra massa tard. Li hauria agradat tindre unes potes llargues i àgils, però les tenia curtes i engarrotades. A penes podia moure's.

–Ha! ha! ha! –va riure el gat.

Aquell joc el divertia sobre manera. Amb posat feroç anà darrere la seua presa.

El felí era astut i veloç. No tardà a acorralar el ratolí en un racó de la sala.

Bigotis entengué que no tenia escapatòria, que la seua aventura arribava a la fi. Tremolava tant que li petaven les dents. Sentia por i neguit per no entendre el perquè d'eixe canvi en el comportament del gat.

No li resultava fàcil pensar, ni molt menys trobar les paraules adequades. Encara així, en una empenta de valentia aconseguí preguntar al perseguidor:

–Per què ho fas? Jo em pensava que érem amics.

–Quina ocurrència! Com podríem ser amics si ens acabem de conéixer?

–Tu m'has convidat a entrar a ta casa –argumentà el ratolí.

–Això no té res a veure –bufà el gat.

El molestava que les seues preses sempre argumentaren el mateix. Sense ocultar el seu mal humor, li explicà:

–T'he convidat a entrar perquè, si la meua ama em veu perseguint ratolins pel carrer, podria fer malbé els meus plans.

–I per què has de perseguir-nos? –s'escandalitzà Bigotis.

–És molt senzill. Mira: mentre jo cace ratolins, l'ama de la casa em necessitarà, tindré un sostre segur, bona cosa de menjar i, fins i tot, m'acariciarà el llom quan m'arrime al seu costat. Si deixe de caçar-ne, però, ella ja no em necessitarà i és probable que acabe al carrer. M'entens?

–Crec que sí –tartamudejà el ratolí.

Tractà de posar-se en la pell del gat, d'imaginar com de fantàstic seria viure en una casa així, tindre menjar, carícies i afalacs... A pesar d'això, Bigotis pensava que ell mai no seria capaç de trair un amic. «Segur que no ho faria, encara que l'acabara de conéixer», va concloure.

Anava a dir-li-ho, però el feroç caçador no li donà oportunitat. Sense més, s'abalançà sobre ell i l'atrapà amb les urpes. En un sospir, Bigotis acabà entre les dents del gat.

L'aguantava amb força per assegurar-se que la presa no s'escapara. Bigotis sentia un terrible dolor en tot el cos. El cap li rodava, s'ofegava, no podia respirar.

Per més que ho intentara, no podia oferir resistència. Era totalment impossible escapar-se de les dents del gat. Estava a mercé dels capritxos del felí. No li quedava altra eixida que rendir-se.

Bigotis notava que es desprenia a poc a poc del dolor, de la tristesa, de la por. Se sentia lleuger. Era com si surara en un núvol. A penes li arribaven els sorolls i les veus del carrer.

En notar que el ratolí no es movia, el gat s'encaminà a l'habitació on hi havia l'ama de la casa. Amb cara de gat bo es parà al seu costat i li ensenyà el trofeu.

–Bravo! Has atrapat un altre ratolí! Enhorabona! Ets el millor caçador –el felicità–. Si no fóra per tu, la casa estaria envaïda per eixes bestioles immundes. Puf!

Agarrà el ratolí amb un tovalló de paper i el llançà al poal del fem. Després premià el gat amb un grapat de les galetes que tant li agradaven.

–Te les has guanyades per ser un gat llest i obedient. Tingues, guapo.

El gat menjà sense presses. Després, amb la

cua dreta i el cap alçat, es dirigí a la finestra per si albirava un altre ratolí.

Bigotis se sentia com un globus que lentament va desunflant-se; com un sac trencat que va perdent la càrrega. Ja quasi no li quedaven forces. Estava tan dèbil que era incapaç d'obrir les parpelles. Surava com el fum. No sabia si dormia o estava despert, ni tan sols sabia si era viu o mort.

–Bigotis! Fillet meu, no et dónes per vençut! –va sentir que li deien.

Aleshores reaccionà. «És la veu de ma mare», reconegué el ratolí. Fent un gran esforç ajuntà totes les seues forces i va obrir els ulls.

Es va veure enmig del fem, entre pells de plàtan, corfes d'ou, restes de carn i trossos de verdura. Estava brut i apegalós. No hi havia part del cos que no li fera mal ni tros de pell que no tinguera una blaüra. El que tenia més ferit, però,

era l'ànim. La traïció del gat li havia fet tant de mal que no hi hauria xarop capaç de curar-lo.

Estava molt abatut. Hauria pogut continuar molt quiet. Podria deixar que el son l'envoltara i dormir profundament per no tornar a despertar. Però Bigotis s'adonà que havia de fer el cor fort.

«Allà vaig», digué per a donar-se ànims. Lentament escalà per la bossa de plàstic i espentejà amb el morro la tapadora del poal. Després d'observar atentament per tal d'assegurar-se que el camí estava lliure, tot i que amb penes i treballs, aconseguí eixir-ne.

Coixejava de les quatre potes. Li feia mal tot, des de les orelles fins a la punta de la cua. Li pareixia que no tenia ni un sol os al lloc. Fins i tot li faltaven uns quants pèls del bigot.

Feia uns quants passos i havia de parar. Avançava un altre tros i tornava a descansar.

Desitjava anar-se'n com abans, millor, i el camí se li feia interminable.

En arribar a la sala va veure el gat enfilat a la finestra. «Quin contratemps, està de guàrdia», pensà.

La primera idea que va tindre va ser amagar-se, perquè no tornara a agarrar-lo. Prompte se la llevà del cap. Tot i que fet un eccehomo i adolorit, es dirigí cap a la finestra sense titubejar. S'encarà amb el gat i li digué amb veu temperada:

–Traïdor!

L'agarrà tan de sorpresa, que el gat no va poder reaccionar. Ell continuà el seu camí notant que es trobava molt més bé.

En arribar al carrer avançà amb pas decidit, com si tinguera un rumb fix. Sabia que la mirada del gat estava pendent d'ell, que seguia tots els moviments que feia. Tot i això, Bigotis no es girà. Continuà el seu camí com si mai no l'haguera vist, com si ja no se'n recordara.

Capítol 5

Mentre caminava, per animar-se, Bigotis recordava un dels relats que li contava sa mare. Una bona estona més tard, en passar per davant d'una plaça, es detingué a descansar. Es gità tan llarg com era entre les arrels d'un arbre. Només aleshores s'adonà com estava d'esgotat.

–Ah! –sospirà.

Entre les fulles dels arbres es filtraven fils de llum. La plaça estava en silenci. Bigotis anà relaxant-se. Estava a punt d'adormir-se, quan una veu li va fer obrir els ulls.

–Hola, germà. Quin vent t'ha portat per ací? –li preguntà un ratolí.

Era una mica més gran que ell i el mirava amb gest de curiositat. En vista que l'altre no responia, continuà dient:

–Pots dir-me Paco, com tots els meus amics.

–Oh, un ratolí! –digué Bigotis quan va poder reaccionar.

Estava meravellat de veure un altre de la seua espècie.

–De què et sorprens, si la ciutat és plena de ratolins –comentà Paco.

A Bigotis li era igual. Des que havia eixit de casa no n'havia vist cap, dels seus. Eixa trobada inesperada li alegrava el cor.

–Digues, quin vent t'ha portat per ací? –va insistir Paco.

Li feia moltes preguntes i a Bigotis el molestava quedar-se sense respostes.

No tenia ganes de repetir una altra vegada la seua història. Li feia massa mal haver de fer-ho, però el ratolí va insistir. Es mostrava tan interessat que ell no va voler ser grosser. Aspirà a fons i li explicà que s'havia perdut i no sabia tornar a casa.

–Tranquil, això s'arregla fàcilment. Digues, en quin carrer vius?

–No ho sé. No ho he preguntat mai –va admetre Bigotis una mica avergonyit.

–No et preocupes. A veure, descriu-me com és ta casa.

–Vaig eixir tan apressat que no em donà temps de mirar-la.

–Ah..., d'acord.

Paco callà. Es quedà molt concentrat. No deixava de pensar. Prompte se li va ocórrer una idea i volgué saber:

–Com li diuen a ta mare?

A Bigotis li brillaren els ullets: això sí que ho sabia!

–Mare –indicà convençut.

Paco no va poder dissimular un gest de contrarietat. Amb la informació que li donava seria impossible ajudar-lo a tornar a casa. Encara així, no es donà per vençut. Estigué una estona estirat a la gespa, pensatiu, silenciós. Finalment, hagué de reconéixer que no se li ocorria res.

–Ho sent –es disculpà abatut.

Imaginava la pena que afligia el seu company. Per res del món hauria volgut estar al seu lloc. Bigotis feia l'impossible per mostrar-se seré, tot i que notava que les llàgrimes estaven a punt de trair-lo.

–Si vols, pots quedar-te un temps a ma casa. Fins que trobes la manera de tornar a la teua –el convidà Paco.

Bigotis tenia un nuc a la gola. No podia parlar. Engolí saliva i negà amb el cap. Agraïa la invitació de l'amic, però no podia acceptar-la. Necessitava anar amunt i avall; només així podria trobar el rastre de l'olor de sa mare, olor que el conduiria de tornada a casa.

Paco s'incorporà lentament i digué, a manera de comiat:

–Sempre estic per ací. Si em necessites, no dubtes a acostar-te a la plaça.

Va fer un gest amb la mà i se n'anà capbaix.

Bigotis estava tan confús que ni tan sols va poder entendre les seues paraules. Sentia tant de dolor en el pit que ni plorant quatre dies seguits aconseguiria alleujar-se. Estava sol i perdut. Era com si l'hagueren abandonat enmig d'un desert.

Es va arrupir al costat de l'arbre i es va encollir tant com va poder per tornar-se xicotet.

Ocultava el cap entre les potes i tancava els ulls. No es movia, no sentia res, no hi veia... Era com si ja no existira, però ni tan sols així trobava consol a tanta soledat.

–Eh! Què fas ací? No t'has assabentat que ha arribat el circ? –el va advertir una garsa que hi havia a la branca de l'arbre.

Bigotis no reaccionava. En vista d'això, l'au insistí fins que el ratolí va obrir els ulls.

–Xicon, ha arribat el circ! Com és que no vas a donar la benvinguda als animals? –exclamà la garsa.

El ratolí no va saber què respondre.

–On és? –preguntà per fi.

Tractava d'ocultar el seu malestar per no haver de contar a l'ocell què li passava.

–Anem, jo et portaré –digué la garsa i li ensenyà el camí volant de branca en branca.

Bigotis la va seguir. No el guiava la curiositat, sinó les ganes de llevar-se-la de damunt. Volia que deixara d'aclaparar-lo.

Anaren junts un bon tros, fins que arribaren al descampat on alçaven la lona del circ.

–Aaah! –murmurà Bigotis meravellat en veure el desplegament.

Uns treballadors s'encarregaven de col·locar els pals per alçar l'envelat, uns altres tenien compte dels animals. Una quadrilla preparava el terra llevant pedres, fem i malesa. Alguns assajaven una nova cançó amb instruments de música... L'activitat era intensa. Desitjaven instal·lar-se com abans millor per poder descansar. L'endemà començaven les funcions. Necessitaven recuperar forces per lluir-se al trapezi, a la corda fluixa o cavalcant a la gropa de cavalls ben ensinistrats.

Bigotis es deixà portar. Com si una mà invisible el guiara, s'acostà als carros. Amb els ulls

atents i gest de curiositat, es dedicà a caminar de l'un costat a l'altre.

En arribar al lloc on descansaven els animals, la seua sorpresa no tingué límits.

–Caram! –exclamà, perquè li costava creure que allò fóra cert.

Els cuidadors atenien els animals, els tractaven amb respecte i els cridaven pels seus noms. Els acariciaven suaument i els donaven aigua i menjar. Es preocupaven perquè estigueren a gust i no els faltara res.

«Són com una mare», pensà el ratolinet, observant-los des del seu amagatall.

Quasi tots els animals estaven reunits en grup. Parlaven entre ells, menjaven junts, jugaven, recordaven aventures viscudes o descansaven. Tots estaven acompanyats llevat d'un: l'elefanta Anastàsia.

Feia unes quantes setmanes que Anastàsia

havia perdut el seu company. El dolor de l'elefanta era tan gran que no podia sobreposar-se a la pèrdua. Des d'aleshores no era la mateixa. Es negava a treballar, quasi no menjava, no parlava amb els companys. Ja no gaudia rebolcant-se pel fang ni tirant-se terra per damunt. Però el més greu era que romania sempre amb els ulls tancats. Havia decidit viure en la foscor més absoluta. Res ni ningú despertava el seu interés.

Quan Bigotis la va veure, només tingué ulls per a ella. S'acostà ràpidament, com atret per un imant ben poderós. Va romandre una bona estona quiet. No deixava d'observar-la, impressionat pel posat i les dimensions de l'animal. «Que gran! No havia vist mai res igual», pensava.

Indiferent a tot, Anastàsia continuava en el seu món. Es balancejava lentament sobre les potes al compàs d'una música que només ella escoltava.

Bigotis no podia deixar de mirar-la. Tot i que desconeixia el motiu pel qual estava així, entenia molt bé que no volguera obrir els ulls. Comprenia el seu gest de tristesa, la soledat i el desemparament que sentia. «Caram, pareixem molt diferents, però en el fons som iguals», reconegué el ratolinet. Mirava l'elefanta i era com veure's a ell mateix.

Això li va fer sentir alguna cosa especial per ella. Li agradava estar al seu costat, perquè així se sentia protegit. Li inspirava tendresa veure algú tan gran ferit per la pena. Ell creia que això només els passava als xicotets. En veure-la amb els ulls tancats li entraven ganes de dir-li coses boniques, o de contar-li un conte, tal com feia sa mare. Volia ajudar-la a recobrar la confiança. Que s'atrevira a obrir-los.

Bigotis notà que al seu costat no l'afligia la sensació d'estar sol i perdut. Encara que no feia la mateixa olor que sa mare, l'olor de l'elefanta també li agradava. Tornà a sentir-se com a casa. A poc a poc anà tranquil·litzant-se. Els músculs se li afluixaren, ja no tenia el cor en suspens. Estava tan relaxat que anà entretancant les parpelles. Acabà profundament adormit a pocs passos d'Anastàsia.

Quan despertà, ja s'havia fet de dia. Va obrir els ulls i va veure l'elefanta al mateix lloc. Seguia balancejant-se al mateix ritme, envoltada del mateix silenci i la mateixa apatia.

Bigotis tenia ganes de parlar amb ella i contar-li el que li havia passat, de compartir la tristesa que sentia.

No s'ho pensà dues vegades. S'acostà a ella i, a mitja veu, començà a dir:

–Fa dies que estic perdut i no aconseguisc tornar a casa.

En sentir la seua veu, Anastàsia alçà lleugerament el cap i va moure les orelles. El ratolinet continuà contant-li la seua vida:

–Ma mare ho deu estar passant molt malament de no tindre notícies meues, i per a mi és molt difícil aguantar les ganes d'estar amb ella i abraçar-la. I també amb els meus germans.

L'elefanta deixà de balancejar-se. Continuà pendent de les paraules de Bigotis. Hi havia alguna cosa que l'emocionava. Traspassaven la barrera que havia alçat al seu voltant. Eixes paraules avivaven el seu sentiment de tendresa i compassió.

–Per què m'ho contes a mi? –volgué saber Anastàsia.

Sense proposar-s'ho, trencà un silenci de moltes setmanes.

–No ho sé –reconegué el ratolinet–. Però no em penedisc d'haver-ho fet.

–Sóc nova ací, acabe d'arribar. No conec la ciutat, no podré ajudar-te a trobar ta casa.

–Ja... –assentí el ratolinet.

Estigueren una bona estona en silenci. Finalment, l'elefanta preguntà:

–Continues ací?

–Clar, mentre no trobe el camí per arribar a ma casa, crec que en cap altre lloc estaré més bé que ací, amb tu.

–No digues això. No sóc molt bona companyia. La veritat és que no passe per un bon moment.

Bigotis sospirà entristit. Després, digué:

–Si vols, me'n vaig i et deixe tranquil·la.

–No, no ho faces. M'agrada que estigues amb mi –reconegué l'elefanta.

–Oh! Que bé! –s'alegrà Bigotis.

Passaren junts la resta del dia. Xarraren com a bons amics i estigueren en silenci. Gaudiren del plaer de sentir-se ben acompanyats. Per a sorpresa dels cuidadors, aquella vesprada Anastàsia menjà amb ganes i va beure prou aigua. Fins i tot es banyà.

–Que bé! Torna a ser la d'abans –celebraren.

Però l'elefanta mantenia els ulls tancats.

Aquella nit no tardà a adormir-se. En bona part dels seus somnis apareixia el seu nou company compartint les seues aventures. Com ella no l'havia vist, no sabia com era. Així és que se l'imaginava a la seua manera. En cada somni canviava de forma, de mida, de color i de raça. «Com deu ser en realitat?», es preguntava.

Quan despertà, l'elefanta estava impacient per veure el seu nou amic. Tot i això, va saber controlar-se. Va romandre al seu lloc fins que va sentir que el ratolinet es movia. «Ja s'ha despertat», pensà, i notava que el cor li bategava il·lusionat. Amb veu suau, saludà el seu amic:

–Hola! Com estàs?

–Bé –respongué ell.

El ratolí estirà els braços i inclinà el cap, desemperesint-se amb ganes.

–Abans que arribares no sentia necessitat d'obrir els ulls, però alguna cosa ha canviat. Tinc ganes de veure't.

–Oh! –sospirà ell emocionat–. Com me n'alegre! Encara que he d'advertir-te que no sóc molt guapo –s'afanyà a reconéixer.

No volia que ella s'emportara un desengany.

–Calla. Tan arrugada com estic jo, no crec que haja de fixar-me en la bellesa dels altres –replicà ella.

Sorprenentment, recobrava la ironia perduda.

–Espera un moment que m'arregle –demanà ell.

S'acomodà el bigot i s'allisà els pèls del cap. Aleshores va fer un posat com si anaren a fer-li una foto.

Anastàsia va obrir els ulls a poc a poc. Gaudia del moment, donant-li un toc d'emoció i misteri. Alçà les parpelles i va veure's Bigotis al davant. Aleshores va sentir que se li encollia el cor. Notà que l'estómac se li regirava com si estiguera a punt de perbocar. Estava marejada, pitjor que si estiguera a la vora d'un abisme a punt de caure.

Presa del terror, es parà sobre les potes del darrere. Obria i tancava la boca com un peix fora de l'aigua. Dominada pel pànic, exclamà fora de si:

–Un ratolí! Socors! Un ratolí!

–Sóc jo, Bigotis –li recordà ell, que no entenia el perquè d'aquell escàndol.

Anastàsia tenia els ulls desorbitats. El sobresalt l'agullonava. Respirà unes quantes vegades seguides tractant d'asserenar-se. Quan va ser capaç de controlar-se, li explicà:

–Tots els elefants tenim por dels ratolins.

–Per què? –volgué saber Bigotis.

–Ah, això no ho sé. Però és així, vos tenim molta por –insistí ella.

Continuava dominada pels nervis.

Si no es calmava, podia arribar a destrossar el tancat on estava instal·lada.

–Mira'm a mi i després mira't a tu.

Ella ho va fer així.

–Creus de veres que jo podria fer-te mal? –li preguntà Bigotis.

–No –reconegué ella.

Va menejar la trompa a l'un costat i a l'altre en actitud pensativa. No s'atrevia a mirar el seu amic. Arribà a tapar-se els ulls amb les orelles. Al cap d'una estona, reconegué:

–Potser no estava preparada i m'has agarrat de sorpresa. Dóna'm un temps per fer-me a la idea, d'acord?

–D'acord –va assentir Bigotis.

Anastàsia tractà d'asserenar-se i de reflexionar. Intentà comportar-se com un animal madur. Es posà d'esquena al ratolinet i tancà els ulls. No deixava de respirar profundament i rítmicament. Es feia aire amb les orelles i procurava tranquil·litzar-se. Es repetia que aquell xicotet rosegador era el seu amic, que desitjava ajudar-la, que gràcies a ell havia recobrat les ganes de viure. Comprenia que era ridícul que algú tan gran com ella s'espantara per un ésser tan inofensiu i xicotet.

«Pobret, és un cel. Li estic molt agraïda. M'agradaria que es quedara amb mi, com a mínim fins que trobara sa mare. Està molt sol i molt trist. Junts ens ajudarem mútuament. És un regal del destí que s'haja creuat en el meu camí», reconegué l'elefanta seriosa i concentrada.

A poc a poc anà recobrant la calma i les bones maneres. Es trobà preparada per a enfrontar-se al seu amic i tractar-lo com es mereixia.

Convençuda que el sobresalt havia passat, es girà sense presses. Lentament va obrir els ulls. Va veure Bigotis a uns passos de distància. «Ací està», pensà. Aleshores notà que els pèls se li posaven de punta, que el cor li bategava acceleradament. Sense poder aguantar-se, s'alçà sobre les potes del darrere mentre bramava:

–Aaah! No ho puc resistir! Ets un ratolí i tinc molta por! Socors!

Bigotis va comprendre que no hi havia remei, que se n'havia d'anar. Encara que a ell li resultava difícil entendre-ho, la seua presència irritava l'elefanta. Eixa era la realitat.

Notà que li pesaven les parpelles, les orelles, la cua i el desànim. Li era quasi impossible fer un pas. Hauria volgut que un poderós mag l'haguera fet desaparéixer. Li costava suportar tant de malestar.

–No t'inquietes, ja me'n vaig –li digué a manera de comiat.

No va saber d'on havia tret les forces per pronunciar eixes paraules.

–Sí, vés-te'n, com abans millor –respongué ella.

Estava tremendament afectada per haver de separar-se del seu amic. En el seu enorme cos d'elefanta no cabia tota la tristesa que sentia.

Lentament es dirigí a un racó. Començà a balancejar-se. Tancà els ulls amb la idea de no tornar a obrir-los mai més. Se sentia esgotada, sense forces per a refer-se d'aquell nou revés.

Bigotis se n'anà mirant a terra. Arrossegava els peus. Tenia les orelles caigudes i un gust de tristesa tan intens que li deixava la boca seca.

Capítol 6

Bigotis caminava sense rumb. Feia uns quants passos, alçava el morro i ensumava l'aire. Però, res... No trobava l'olor que tant necessitava.

Sense adonar-se'n, arribà davant d'una botiga d'electrodomèstics. Amb el front recolzat al vidre, dos captaires miraven la tele que hi havia a l'aparador. Com que no tenien res millor a fer, es distreien mirant un documental sobre la selva.

–Pareix mentida, tot el que hi ha al món ho podem veure en eixa pantalla –comentà un.

En sentir-lo, Bigotis es va aturar al seu costat. Mirava fixament el televisor. Si el que deia l'home era cert, podria veure sa mare. Observava amb ulls àvids, convençut que apareixeria en qualsevol moment.

Poc després van interrompre el programa per donar pas a la publicitat. Primer anunciaren un refresc. Després, un nou model de rateres. Es veia un ratolí acostar-se atret per l'olor del formatge. Però, tan bon punt tractava d'agarrar-lo, la ratera es tancava.

Bigotis notà que se li encollia el cor.

–Mare... –balbucejà, comprenent per fi què havia succeït.

Tractà de pegar un crit de ràbia, d'impotència, d'injustícia... però el dolor era tan fondo que no va poder fer-ho.

Va fer mitja volta i arrancà a caminar. A mesura que avançava, la seua soledat no feia més que augmentar. No es fixava per on anava, ja no li interessava. Només desitjava trobar un lloc solitari, amagar-se en un racó, tancar molt fort els ulls per no tornar a obrir-los. Ara entenia la tristesa enorme de l'elefanta.

Vagà sense rumb una bona estona sense alçar la vista de terra. Ja s'havia fet fosc quan va passar per davant d'un edifici en penombra. No se sentien veus, era com si estiguera buit. Bigotis pensà que aquell lloc solitari podria servir-li. Sense pegar-li més voltes, s'escolà per un badall que hi havia al costat de la porta. Estava lluny d'imaginar que allò era una escola, que de nit estava buida però que durant el dia s'omplia de xiquets.

Amb passos curts avançà per un corredor fins a arribar a una sala plena de llibres. La porta era oberta, per la qual cosa va poder traure el cap discretament. Totes les parets eren recobertes de prestatgeries. Hi reposaven una infinitat de contes, llibres de poesia, relats de viatges, obres de teatre i novel·les. Al costat de la porta hi havia una taula amb un ordinador i muntanyes de llibres.

Bigotis passejà la mirada i l'olfacte de ratolí li indicà que aquell podria ser un bon lloc on amagar-se i ja no moure's d'allí.

S'enfilà fins a una de les prestatgeries més altes, es va arrupir darrere dels llibres i tancà els ulls. Estava tan esgotat que, quasi sense adonar-se, s'adormí.

Es despertà l'endemà. Aleshores va sentir una cadència que el va fer estremir. Parà atenció i escoltà amb claredat una veu de dona que llegia un conte. Tenia la veu dolça, sentir-la era com una carícia. Allargava les lletres d'algunes paraules i en remarcava unes altres. Segons el passatge que llegira, augmentava o disminuïa el to de veu. Inventava la manera de parlar dels personatges. Feia silencis quan tocava per crear suspens... Així, exactament així era com ho feia sa mare. El mateix timbre de veu, la mateixa melodia, la mateixa emoció.

L'impacte deixà Bigotis clavat al lloc. Estava amb els ulls mig aclucats, les mans agarrades contra el pit, les orelles dretes i movia suaument la cua.

Es va sentir protegit, acariciat. Notava que la veu li curava bona part de les ferides i li alleugeria els pesars. El neguit que sentia desaparegué en bona mesura. Era com si estiguera al costat de sa mare, com si tornara a ser menut i encara no haguera succeït res de dolent. Notava el caliu de sa casa, els sons que li eren familiars, la presència dels germans. Només li faltava l'olor de sa mare...

Bigotis va romandre molt quiet. No volia que eixe somni meravellós es dissipara. Desitjava continuar en aquell lloc on l'havia transportat la cadència de la veu. Ja no volia moure's d'allí.

Quan la història estava en el moment més tens i difícil per al protagonista, la dona que llegia anuncià:

–Això és tot per hui. Demà continuarem amb un altre capítol. Adéu.

–Adéu –li respongueren uns quants xiquets.

La majoria ni tan sols s'acomiadà. Sense més, van eixir disparats com si se'ls haguera fet molt tard.

Bigotis va sentir curiositat de veure la persona que havia llegit el conte. Clar que, per a ferho, calia obrir els ulls. «Els obriré un moment i després tornaré a tancar-los», planejà, notant-se més animat.

Amb molta cautela per a no ser descobert, tragué el cap per damunt d'un llibre. En veure-la va simpatitzar amb ella, potser perquè la trobà molt trista.

Margarida continuava recolzada a la taula. Fullejava el llibre a mitjan llegir; era un dels seus preferits.

Mentre llegia menejava el cap. Estava confusa. No arribava a entendre què passava. La història era fantàstica, en altres anys i amb altres cursos havia funcionat molt bé. Com sempre, ella posava tot el seu interés i els seus dots de comedianta en llegir-lo. Tot i això, als xiquets de quart pareixia que no els interessara. I no eren els únics a mostrar-se tan apàtics. D'un temps ençà, la majoria dels alumnes romania indiferent a les històries que hi havia en les pàgines dels llibres.

Margarida no sabia què més fer per animar-los. Tots els seus intents havien sigut en va.

Mentre ella llegia, la miraven amb cara d'avorriment. Quan acabava, eixien disparats, com si a la biblioteca hi haguera un monstre terrible que els amenaçara.

El curs estava molt avançat i no havia aconseguit ni un xicotet canvi que li permetera mantindre l'esperança. No havia fet progressos ni amb els més menuts ni amb els majors.

Es notava perduda i desanimada. Tenia pensat suspendre les sessions de la biblioteca, cosa que no li havia succeït mai al llarg de molts anys de professió. «Estic fent-los perdre el temps. Pot ser que els seus interessos siguen uns altres i jo m'encabote a fer-los llegir», es deia apesarada. «Però, si no lligen, mai no seran bons en res», reconeixia a l'instant. Comprenia que calia posar remei a la situació.

Bigotis seguia els moviments de la dona amb aires d'espia. No li pareixia de les més perilloses. «Però serà millor que vaja amb compte», pensà.

Ella fullejà uns quants llibres sense acabar de decidir-se. Poc després, es presentà un grup de segon curs.

–Bon dia –els digué amb ànims renovats.

Ells a penes hi respongueren. Es deixaren caure a les cadires i plegaren els braços. Esperaren resignats que Margarida llegira el que els tenia preparat.

En sentir les primeres frases del conte, Bigotis s'emocionà. Li costava estar-se amagat, sense poder gaudir com a ell li agradava.

«Si em menege lentament, sense fer soroll, ella no em veurà», considerà el ratolí.

Amb molta precaució s'enfilà a dalt d'un llibre prou gros. Des d'allí va poder seguir cada gest, cada moviment i cada paraula de Margarida. Ella va fer un silenci, arquejà les celles i va estendre el braç com si assenyalara lluny. Va ser aleshores quan va veure Bigotis damunt del llibre.

«Un ratolí!», pensà amb espant. La seua primera idea va ser eixir corrent, però... «Si els xiquets s'espanten s'armarà un canyaret que no voldran tornar-hi», reflexionà. Va fer el que va poder per tranquil·litzar-se. Fins i tot es va fer aire amb el llibre que tenia a la mà. S'armà de valor i continuà llegint. Per res del món perdia de vista el ratolí.

Li cridava l'atenció l'expressió del rosegador. Bigotis tenia els ulls mig oberts, un somriure plàcid, el bigot inquiet i el cap inclinat. Margarida considerà: «Qualsevol diria que segueix la narració amb interés». Però immediatament desestimà la idea: «Quin destarifo. Com se'm pot acudir un disbarat semblant?», es reganyà.

Continuà llegint, encara que de cua d'ull mirava el rosegador. Per moments li pareixia que somreia complagut; en altres passatges de la història sospirava emocionat.

«Encara que parega cosa de xiquets, necessite comprovar-ho», reconegué la mestra.

Ja no estava segura de res.

Va parar de llegir en el moment més inoportú, quan el personatge havia de prendre una decisió ben important en la qual es jugava la vida.

–Deixarem ací el relat. Continuarem el pròxim dia.

–Adéu –saludaren alguns xiquets, i se n'anaren corrents, sense demostrar l'interés més mínim per la sort que podia córrer el protagonista.

En canvi, Bigotis es mostrà contrariat; volia saber què passava.

Una vegada que els xiquets isqueren, Margarida va somriure amb picardia i mamprengué a llegir de nou. Bigotis s'acomodà. La mirà amb ulls atents i les orelles dretes per no perdre's ni una paraula.

«No hi ha dubte, li agraden els contes», va concloure la mestra. Divertida amb el descobriment, agregà: «Almenys, algú s'interessa pel que llig. Encara sort!».

El curs següent a presentar-se, després de l'hora del pati, va ser el de tercer. Tenien un llibre a mitjan llegir. Margarida el va obrir per on hi havia el senyal i s'aclarí la veu. Abans que no poguera començar, però, una xiqueta donà l'alarma:

–Mireu, un ratolí!

Bigotis va fer mitja volta. Estava llest per pegar a córrer en cas que la situació s'agreujara i buscar un lloc on ocultar-se.

Encara que Margarida no simpatitzava amb els rosegadors, notava que aquell era especial. Tant és així que va eixir a defensar-lo:

–Tranquils, és amic meu –explicà amb veu còmplice.

S'acostà a la porta i la tancà perquè ningú més la sentira.

–Amic? –preguntà un alumne.

Margarida assentí. Quan els xiquets miraren el ratolí, van veure que Bigotis també ho afirmava.

Sense eixir de la sorpresa, els xiquets es miraven els uns als altres. No estaven totalment convençuts. Ells veien Margarida una mica rara, però no fins a l'extrem de tindre un ratolí com a amic.

–Què fa ací? –s'interessà un xiquet.

–Doncs... –començà a dir Margarida i callà.

Necessitava inventar una bona excusa i per a fer-ho necessitava temps. Féu un parell de passos i es gratà el cap. Aleshores, prosseguí:

–Aquest ratolinet s'ha perdut i no sap com tornar a sa casa.

Atés que el ratolí semblava molt jove, considerà que eixe pretext podria resultar creïble. Per a ells, una de les coses més terribles seria perdre's i no trobar el camí de tornada. «Pot ser que així es compadisquen del ratolí», se li va acudir.

Els xiquets estaven atents a les seues paraules. Margarida entengué que anava pel bon camí.

Es va adonar que podia traure partit a la visita del rosegador. Això l'animà a seguir amb les seues explicacions:

–M'han dit que els ratolins, igual que els pirates, utilitzen missatges en clau per a comunicar-se. Ells els oculten entre les lletres dels llibres. Així és que hem de trobar-lo i desxifrar-lo per descobrir el camí que li permeta tornar a casa.

–En quin llibre? –s'afanyà a dir un altre xiquet.

Se'l veia completament fascinat amb l'endevinalla.

–Això no ho sabem, per això haurem de buscar-lo. És clar, si voleu ajudar el ratolí.

–Jo sí que vull ajudar-lo! –exclamà u.

Se'l veia totalment decidit.

Tota la resta li féu costat. Entenien que era terrible que el ratolinet no poguera estar amb sa mare.

Feia temps que Margarida no estava tan riallera i ocurrent. Obrint molt els ulls i arrugant el front, preguntà al grup:

–Per quin llibre vos pareix que podríem començar?

Es quedaren en silenci, pensatius. Fins que un xiquet apuntà:

–Que ho decidisca el ratolí.

–Això! –la resta s'hi mostrà d'acord.

«No em falles, ratolinet, no em falles», demanà per a si mateixa Margarida. Dirigint-se al ratolí, com si fóra la cosa més natural, li digué:

–Ja ho veus, prefereixen que el tries tu.

Aleshores va fer un gest, com si s'hi acostara.

Bigotis saltà des de dalt del llibre i va córrer veloçment per la prestatgeria.

«Quina errada! L'he espantat», es lamentà la mestra.

En arribar davant d'un llibre de bruixes, amb les cobertes molt gastades, Bigotis es detingué. Observà detingudament, es va redreçar i el tocà amb les potes davanteres.

–Ens assenyala eixe llibre! –exclamà Margarida.

Sense perdre el temps, un parell de xiquets anaren a buscar-lo. Li'l donaren a la mestra perquè començara a llegir. Tots acostaren les cadires per sentir-la més bé. Fins i tot Bigotis va unir-se a ells, comportant-se com un més del grup.

Aquell dia ningú no volia tornar a classe. Demanaven a Margarida que en llegira una miqueta més.

–Per favor! –insistien.

–No pot ser, s'ha fet molt tard –explicà ella–. No vos preocupeu, el pròxim dia continuarem des del paràgraf on ho hem deixat.

–D'acord –acceptaren.

S'acomiadaren del ratolí. Abans d'obrir la porta, Margarida considerà convenient demanar als xiquets:

–No parleu d'açò amb ningú. És el nostre secret, d'acord?

–Clar –van prometre ells.

Tot i això, quan els companys de cinqué es presentaren a la vesprada, preguntaren a boca de canó:

–On és el ratolí?

Tots estaven ansiosos de comprovar si realment hi havia un ratolí a la biblioteca, si era tan llest i tan simpàtic com es comentava. Margarida no tingué altre remei que presentar-los-el. Bigotis els saludà amb un moviment de cap. Després els indicà quin llibre podrien llegir si estaven disposats a col·laborar amb ell.

Abans d'acabar la jornada no hi havia un sol xiquet en tota l'escola que no sabera que Margarida tenia un amic que estava en dificultats.

–Hem d'ajudar-lo –planejaven.

Esperaven la visita a la biblioteca impacientment. Vivien amb entusiasme i passió les històries que guardaven els llibres. Margarida estava emocionada. Va agrair el moment que al ratolí se li va acudir colar-se a la biblioteca.

Per les seues mans anaren passant relats de bruixes, monstres, pirates, ninos de fusta, fetillers i princeses, pigmeus, xiquets com ells... Tot i que no trobaven el missatge ocult, continuaven cercant-lo.

Així anaren passant les setmanes i els mesos.

Bigotis es trobava a gust en companyia dels seus joves amics. Embolcallat per la veu de Margarida, aconseguí sentir que la biblioteca era la seua nova casa. Ja no era un ratolí perdut i indefens que a ningú importava. No estava sol. Només li faltava una cosa i Bigotis no es veia amb forces de renunciar-hi.

Fins que una vesprada, mentre Margarida llegia un poema, Bigotis trobà la pista que cercava. Commogut pel relat, aspirà fondo, molt fondo, tant que arribà fins al lloc on guardava totes les olors de la seua infantesa. Aleshores, en aquell lloc secret que tenia a dins, trobà el que tant buscava: l'olor de la mare. L'havia buscada en llocs equivocats. Estava guardada en un lloc on només ell podia olorar-la.

–Mare –murmurà Bigotis, amb un somriure dolç als llavis.

El jove ratolí va comprendre que mentre no oblidara eixa olor, sa mare romandria al seu costat. Quan la necessitara, Bigotis tindria prou de tancar els ulls i aspirar molt fondo. Sens dubte, ella estaria sempre allí per a emparar-lo.

Índex

Altres títols de la mateixa col·lecció

El flautista valent
de Teresa Broseta
Dibuixos de Rosanna
Crespo i Quique Soler
ISBN: 978-84-9026-127-9
«El Micalet Galàctic», 176
Sèrie Crema
A partir de 9 anys

Roig Julivert ha sentit coses terribles sobre les persones i, encara que pertany a la tribu de donyets més poruga del món, vol saber si són certes. Damunt d'una pedra, mentre toca la flauta, Roig somia grans aventures i es pregunta si s'atrevirà a travessar el riu i a entrar en territori humà...

Altres títols de la mateixa col·lecció

Una setmana de contes
d'Enric Lluch
Dibuixos d'Armand
ISBN: 978-84-9026-069-2
«El Micalet Galàctic», 173
Sèrie Crema
A partir de 9 anys

Marta voldria que li contaren contes com ho fan els pares dels seus amics Rut i Tomaset, però els pares de Marta van sempre amb l'all al cul i quan tornen a casa no tenen ganes de res. Fins que un dia, el pare de la xiqueta fica el peu dins d'un forat de la vorera i, de sobte, Marta aconsegueix allò que volia!

Altres títols de la mateixa col·lecció

El viatge de Lluna a les muntanyes
de Juane Gumbau
Dibuixos de Subi
ISBN: 978-84-1539-047-3
«El Micalet Galàctic», 168
Sèrie Crema
A partir de 9 anys

Tot i que semble difícil de creure, Lluna ha perdut el que més estima en el món: els seus pares. Decidida a ajudar-los a tornar a casa, enceta un viatge sorprenent i enriquidor. Al llarg del camí, es trobarà situacions inimaginables i uns personatges d'allò més curiosos. I és que només la presència de Lluna canviarà de manera inesperada tot allò que li vaja eixint al pas.